Ruth Atkinson (Hg.)

STATT BLUMEN FÜR DICH

Weil jede Mutter einzigartig ist

RUTH ATKINSON (HG.)

Statt Blumen für Dich

Weil jede Mutter einzigartig ist

MIX
Papier aus verantwortungsvollen Quellen
FSC® C014138
FSC
www.fsc.org

Dieses Buch wurde auf FSC©-zertifiziertem Papier gedruckt.
FSC (Forest Stewardship Council ©) ist eine nichtstaatliche, gemeinnützige Organisation, die sich für eine ökologische und sozialverantwortliche Nutzung der Wälder unserer Erde einsetzt.

Bibliografische Information der Deutschen Nationalbibliothek

Die Deutsche Nationalbibliothek verzeichnet diese Publikation in der Deutschen Nationalbibliografie; detaillierte bibliografische Daten sind im Internet über http://dnb.d-nb.de abrufbar.

Gestaltung und Satz: Andrea Wolf Designs
unter Verwendung von Grafiken © Lisa Glanz
Verwendete Schriften: Texta, Betterfly
Gesamtherstellung: FINIDR, s.r.o.
Printed in Czech Republic
ISBN 978-3-7615-6296-3

www.neukirchener-verlage.de

Für meine Mutter

Samstag, Spätnachmittag - so viele Dinge galt es zu erledigen, die Vorbereitungen für Sonntag, Planungen fürs Mittagessen und einiges mehr, wie zum Beispiel den Kuchen für das Kaffeetrinken am Sonntagnachmittag.
Dann wurde so oft das handgeschriebene Rezept, das meine Mutter von irgendjemandem einmal erhalten hatte, aus dem Backbuch hervorgeholt und los ging es. Ein einfaches Rezept, ein Tassenkuchen, doch immer wieder lecker und abwechslungsreich, mal mit Kirschen, mal mit Schokolade - ein Backblech voll Genuss.

Dieses Rezept habe ich mitgenommen und denke jedes Mal daran zurück, wenn ich anfange, Tassen mit Mehl und Zucker zu füllen. Es sind die kleinen und großen Momente, das Schöne und auch mal Traurige, das Leichte und Schwere, was mich und so viele an zu Hause und an Mutti erinnert.
Es sind Gespräche über Gott und die Welt, über Persönliches und Alltägliches - die wertvollen Momente, die im Rückblick noch wertvoller werden.

Die Geschichten, Zitate und Worte in diesem Buch sollen einen Einblick geben in die Vielfalt des Alltags einer Mutter. Ein Gruß für dich, Mutter ... statt Blumen.

Ruth Atkinson

Ich werde meine Mutter nie vergessen;
denn sie pflanzte und nährte
den ersten Keim des Guten in mir,
sie öffnete mein Herz den Eindrücken der Natur;
sie weckte und erweiterte meine Begriffe,
und die Lehren haben einen immerwährenden
Einfluss auf mein Leben gehabt.

Immanuel Kant

Was bedeuten die Worte

„Danke schön“ sind zwei wunderbare Worte,
mit denen wir unsere Dankbarkeit ausdrücken.
Doch oft verbirgt sich dahinter noch viel mehr.
Wenn es von Herzen kommt,
von den schönsten Gefühlen und von ganz tief innen,
und den wärmsten Gedanken, dann bedeutet
„Danke Schön“ so viel. Es bedeutet Dank dafür,
dass Du Dir Zeit für mich genommen hast.
Es bedeutet „Du hast meinen Tag gerettet“,
und es bedeutet manchmal, dass Du mein ganzes Leben
so viel besser machst.
Es bedeutet, dass ich mich mit Dir so wohl fühle,
und ich wünschte, ich könnte für Dich dasselbe tun,
einfach indem ich Dir sage, wie viel Du mir bedeutest.
„Danke schön“ bedeutet, Du hättest eigentlich nicht gemusst,
aber ich bin froh, dass Du es trotzdem tatest.
„Danke schön“ bedeutet, dass Du etwas
ganz Besonderes getan hast,
das ich nie vergessen werde.
Ich danke Dir ... von ganzem Herzen.

Chris Gallatin

Herr, gib mir die Augen,
Dich in meinen Kindern zu sehen.

Gib mir Dein Herz,
um sie zu lieben,

und Deine sanfte Art,
damit ich ihnen helfen kann zu wachsen.

Gib mir Deine Weisheit,
um sie zu führen,

und Deine Kraft,
wenn ich sie loslassen muss.

Amen

www.zeitzubeten.org

Gottes Familie

Gott, ich bin Teil einer großen Familie,
ich bin Teil deiner Familie.
Zu dir darf ich mein Leben lang gehören.
Als dein Kind darf ich leben und mein Leben gestalten.
Nichts kann mich von deiner Liebe trennen.
Mit dieser Gewissheit lass mich in diesen Tag gehen.

Andrea Petritsch

Die vielen Hände der Mutter

Vor vierzig Jahren schrieb die zehnjährige Schülerin Christine den Aufsatz und die Lehrerin las ihn der Klasse vor:

„Mutterhände: In der einen Hand hält meine Mutter die Pfanne und kocht. In der anderen hat sie den Staublappen und wischt den Tisch ab. Mit der anderen Hand gibt sie der Kleinsten zu trinken. Mit der anderen Hand macht sie das Essen für den Vater und alle Kinder bereit. Mit der anderen Hand gibt sie einem Bettler an der Tür zwanzig Rappen. In der anderen Hand hält sie den Rosenkranz und betet …"

Allmählich begannen einige Mitschülerinnen zu lachen, als die Lehrerin den seltsamen Aufsatz vorlas. So hielt sie inne und fragt das Mädchen: „Aber, Christine, wie viele Hände hat denn eigentlich deine Mutter?"

Christine war nicht verlegen, stand auf und berichtete im Tempo einer frommen Litanei: „Meine Mutter hat … meine Mutter hat: zwei Hände für den Vater, zwei Hände für jedes der sieben Kinder, zwei Hände für den Knecht, zwei Hände für das Vieh im Stall, zwei Hände für alle armen Leute, zwei Hände für den lieben Gott, wenn sie betet … und dann noch zwei Hände, wenn irgendetwas nötig ist, total sechsundzwanzig Hände!" In der Klasse wurde es auf einmal still. Die Lehrerin sagte: „Und du, Christine, hast den besten Aufsatz geschrieben!"

Und wie viele Hände hat wohl deine Mutter?

Das *Leben* der Eltern
ist das Buch, in dem
die Kinder lesen.

Augustinus Aurelius

Lieber Vater,

ich bitte dich für meine Kinder:
Umgib sie mit deiner Liebe.
Gib ihnen immer wieder Zeichen,
dass du wirklich da bist.
Schicke ihnen Menschen in den Weg,
die dein Wort kennen und dich lieb haben.
Wecke in ihnen den Glauben,
dass Jesus der Herr und Heiland ihres Lebens ist.
Lehre sie beten.
Gib, dass sie ihr Leben nicht für sich allein leben.
Schenke ihnen gute Freunde.
Lass sie den Berufsweg finden,
der ihren Gaben entspricht.
Führe ihnen zu deiner Zeit den Ehepartner zu,
den du ihnen zugedacht hast.
Mich aber mache treuer in der Fürbitte für meine Kinder,
die du mir anvertraut hast.

Mitarbeiterkreis des MBK, Bad Salzuflen

Ich bin zu Hause

Ich bin zu Hause zwischen Tag und Traum.
Dort wo die Kinder schläfern, heiß vom Hetzen,
dort wo die Alten sich zu Abend setzen,
und Herde glühn und hellen ihren Raum.

Ich bin zu Hause zwischen Tag und Traum.
Dort wo die Abendglocken klar verlangen
und Mädchen, vom Verhallenden befangen,
sich müde stützen auf den Brunnensaum.

Und eine Linde ist mein Lieblingsbaum;
und alle Sommer, welche in ihr schweigen,
rühren sich wieder in den tausend Zweigen
und wachen wieder zwischen Tag und Traum.

Rainer Maria Rilke

Lieben. Geliebt werden.
Nie vergessen, wie unwichtig man selbst ist.
Sich nie an die unaussprechliche Gewalt und vulgäre Ungleichheit des Lebens um einen herum gewöhnen.
Am traurigsten Ort nach Freude suchen.
Der Schönheit in ihr Versteck folgen.
Nie vereinfachen, was kompliziert ist, oder kompliziert machen, was einfach ist.
Kraft achten, nie Macht.
Vor allem beobachten.
Zu verstehen versuchen.
Nie wegsehen.
Und nie, nie vergessen.

Arundhati Roy

Am Brunnen des Lebendigen

Kommt,
wir treffen uns am Brunnen des Lebendigen!
Kommt, ihr Durstigen, ihr Müden,
ihr Wüstenwanderinnen und Steppenläuferinen!
Kommt, ihr Verletzten, ihr Verzweifelten,
ihr Kranken und Gesunden!
Kommt, ihr Schwestern, Frauen, Mädchen und Mütter!
Kommt, ihr Befreiten, ihr Gefangenen,
ihr Gejagten und Verfolgten!
Kommt, erfrischt
eure Seelen
eure Herzen
eure Hände
eure Füße
euren Geist
eure Wunden.
Kommt zum Brunnen des Lebendigen!
Kommt, denn für euch alle ist gesorgt!

Hannelore Schnapp

Dankbarkeit verwandelt

Je schöner und voller die Erinnerungen,
desto schwerer die Trennung.
Aber die Dankbarkeit verwandelt
die Qual der Erinnerung
in eine stille Freude.
Man trägt das vergangene Schöne
nicht mehr wie einen Stachel,
sondern wie ein kostbares Geschenk
in sich.

Dietrich Bonhoeffer

Viele der tiefsten spirituellen Momente
in meinem Leben geschahen nicht
in meinen Gefühlen oder meiner Seele.
Sie waren da, während ich meinen Sohn
mitten in der Nacht gehalten haben,
oder während ich sah, wie sich
die Wellen an der Küste brechen,
oder auch an meinem Tisch
mit den Leuten, die ich schätze
und die sich dort stärken.

Shauna Niequist

Die Kunst der

Ich bitte nicht um Wunder und Visionen, Herr, sondern um Kraft für den Alltag. Lehre mich die Kunst der kleinen Schritte. Mach mich findig und erfinderisch, um im täglichen Vielerlei meine Erkenntnisse zu notieren, von denen ich betroffen bin.

Mach mich griffsicher in der richtigen Zeiteinteilung. Schenke mir das Fingerspitzengefühl, um herauszufinden, was erstrangig und was zweitrangig ist.

Ich bitte um Kraft, dass ich nicht durch das Leben rutsche, sondern den Tagesablauf vernünftig einteile, auf Lichtblicke und Höhepunkte achte und hin und wieder Zeit finde für einen kulturellen Genuss.

Lass mich erkennen, dass Träume nicht weiterhelfen, weder über die Vergangenheit noch über die Zukunft. Hilf mir, das Nächste so gut wie möglich zu tun und die jetzige Stunde als die wichtigste zu erkennen.

Bewahre mich vor dem Glauben, es müsse im Leben alles glatt gehen. Schenke mir die Erkenntnis, dass Schwierigkeiten, Niederlagen, Misserfolge und Rückschläge eine kleinen Schritte

selbstverständliche Zugabe zum Leben sind, durch die wir wachsen und reifen. Erinnere mich daran, dass das Herz oft gegen den Verstand streikt. Schick mir im rechten Augenblick einen Menschen, der den Mut hat, mir die Wahrheit zu sagen.

Ich möchte Dich und die anderen immer aussprechen lassen. Die Wahrheit sagt man sich nicht selbst, sie wird einem gesagt. Ich weiß, dass sich viele Probleme dadurch lösen, wenn ich nichts tue. Gib, dass ich warten kann.

Du weißt, wie sehr wir der Freundschaft bedürfen. Gib, dass ich diesem schönsten Geschenk des Lebens gewachsen bin. Verleihe mir die nötige Phantasie, im rechten Augenblick Güte zu zeigen. Mach aus mir einen Menschen, der einem Schiff mit Tiefgang gleicht, um auch die zu erreichen, die unten sind. Bewahre mich vor der Angst, ich könnte das Leben versäumen. Gib mir nicht, was ich mir wünsche, sondern das, was ich brauche. Lehre mich die Kunst der kleinen Schritte.

Antoine de Saint-Exupéry

Du stehst zu mir

Ich bin nicht unfehlbar und schon gar nicht perfekt.
Das weißt du nur zu gut!
Du kennst meine Macken, meine Eigenarten,
meine Schwächen.

Und obwohl du mich so gut kennst,
hältst du dennoch an mir fest,
lässt mich nicht fallen, stehst zu mir.

Bei dir darf ich einfach ich selbst sein.
Danke dafür!

Doro Zachmann

Sei stark und gerüstet auf jedem Gebiet
und pflege das Leben, wo du es antriffst.
Bekümmere dich um die Deinen
und halte dich selber aufrecht,
auf dass dein Herz erleuchtet werde in der Sonne.
Gib die Sorge für die dir Anvertrauten nicht auf.

Hildegard von Bingen

Kinder, Kinder

Oft,
wenn ich an meine Kinder denke,
kommen mir Bilder von früher in den Sinn.

Ihre ersten, noch wackligen Schritte,
ihre fantasievollen Wortschöpfungen,
ihre Schulanfänge
- mit strahlenden Augen
Und der großen Schultüte in den Armen,
ihre Geburtstage oder auch manch anderes Fest.

Viel Schönes.
Augenblicke ausgelassener Lebensfreude,
die ich mit ihnen erleben durfte.
Momente auf dem Weg zum Erwachsenwerden,
die sie mit mir geteilt haben.

Heute sind die Kinder groß.
Sie leben ihr Leben in ihrer eigenen Welt,
in der ich nur noch am Rande vorkomme.
Ich kann das verstehen. Das ist in Ordnung so.

Ab und zu rufen sie mich an.
Manchmal kommen sie zu Besuch,
bleiben ein paar Stunden,
hin und wieder sogar ein paar Tage.
Und dann erzählen sie,
wie es ihnen geht,
was sie so machen,
woran sie arbeiten
und vieles mehr
- und ich höre ihnen gerne zu.

Ich bin dankbar,
dass sie gesund sind,
dass sie ihren Weg gefunden haben,
dass sie Menschen um sich haben,
mit denen sie sich verstehen,
denen sie vertrauen können und die sie lieben.

Ich weiß, dass das nicht selbstverständlich ist.
Ich glaube,
Gott,
dass das auch dein Werk ist.
Dafür will ich dir danken
und dich von Herzen bitten:
halte deine schützende Hand
auch weiterhin über sie.

Eckhard Hermann

Skizzen einer Heimkehr – Heimatgefühle

Hans Orths

Deine Frau sitzt am Steuer. So kannst du in aller Ruhe aus dem Fenster schauen und die bekannte Gegend betrachten. Die Fahrt führt am schmalen, fast schnurgerade verlaufenden Fluss entlang. Früher hast du hier mit Vater und Bruder Papierschiffchen auf die Reise geschickt und bist mit dem selbst gezimmerten Floß flussabwärts gerudert. Dann biegt ihr ab und es geht an der Schrebergartenanlage vorbei. Noch eine Kurve, dann erreicht ihr das größere Eckhaus. Es scheint, als sei die Fassade neu gestrichen. Noch fünfzig Meter, das letzte Haus am Seitenweg, dann bist du da.

Es ist ein eigenartiges Gefühl, heimzukommen, die Heimat wiederzusehen. Wie lange warst du fort, Monate, Jahre?

Es hat sich so gut wie nichts verändert. Wie immer stehen die Blumenkästen vor den Fenstern, und die Haustür hat noch immer die kleinen, schrägen Scheiben und den alten Handgriff. Du gehst um die Ecke zum Gartentörchen. Das Öffnen ist beinahe ein Zeremoniell.

Auf der Bank unter dem Kirschbaum sitzen sie, Vater und Mutter, sie haben euch erwartet. Ihre braungebrannten Gesichter sind vom Leben gezeichnet, aber sie strahlen. Ein wenig mühsam steht die Mutter auf, nimmt dich in die Arme. „Mein Junge", sagt sie, „wie schön, dass du da bist." Tränen leuchten in ihren Augen. Und auch der Vater drückt dich an sich, er ist gerührt. „Wenn du willst", lacht er, „kannst du den Rasen schneiden", und dann: „sollte ein Scherz sein".

Da kommt Prinz, ihr Schäferhund, angelaufen. Er erkennt dich sofort, springt immer wieder an dir hoch. „Ist ja gut, mein Junge", sagst du, „ich bin wieder hier."

Das Kreuz in der guten Stube ist mit frischen Blumen geschmückt. Darunter steht noch immer die große Vase, die du einmal in akribischer Handmalerei für deine Eltern zu Weihnachten gefertigt hast.

Auf dem Tisch ist die Kaffeetafel gedeckt. Es gibt Frankfurter Kranz und Schwarzwälder Kirschtorte, deine Lieblingskuchen.

„Extra für dich", lächelt die Mutter, „heute ist ja ein Festtag." Und dann beginnen die Eltern zu erzählen. Von ihren kleineren und größeren Alltags- und Alterssorgen, von ihren Freuden und was alles in der letzten Zeit passiert ist. Und auch du musst berichten, wie es dir, deiner Frau und den drei Kindern so ergangen ist.

„In deinem früheren Zimmer steht ein Doppelbett", sagt der Vater, „da könnt ihr für die drei Tage, wo ihr hier seid, übernachten."

Das Zimmer ist zwar verändert, doch in einem Wandschrank stehen Andenken aus deiner Kindheit und Jugendzeit, die deine Eltern unbedingt aufbewahren wollten: ein alter Fußball, eine Schale mit Murmeln, ein paar Bauklötze, Spielzeugautos, die früher so heiß geliebte Eisenbahn, die große, selbst gebastelte Indianer-Federhaube, dazu Pfeil und Bogen, Messer und Tomahawk, und der Perlmutt-Rosenkranz, den deine Eltern dir damals zur Erstkommunion geschenkt hatten.

Dann geht ihr durch den Garten. Auch hier hat sich so gut wie nichts verändert. Der Werkzeug- und Geräteschuppen, die grüne Schubkarre, deren Reifen immer etwas zu wenig Luft hat, das Frühbeet, und dann die Reihen mit Kartoffeln, Möhren, Zwiebeln, Lauch, Bohnen und Sellerie: Es ist wie immer. „Ich bin froh, wieder zu Hause zu sein", sagst du, und es klingt wie eine Zeile aus einem Gebet. Du machst an der Querstange, wo früher deine Kinderschaukel aufgehängt war, zwei Klimmzüge und stößt einen Jubelschrei aus. Deine Eltern und deine Frau lächeln, es werden drei schöne, harmonische Tage zu Hause sein, dessen bist du dir sicher.

Du schaust in den hellblauen, von kleinen, weißen Wolken durchwobenen Himmel, und du fühlst dich froh, frei, leicht und glücklich, beinahe so, als wärst du wie von einer schweren Last befreit.

Ja, du bist wieder zu Hause ...

Ich bin schön,
denn du hast mich erschaffen.
Ich bin kostbar,
weil du mich liebst.
Schön bin ich
in deinen Augen,
ein Edelstein in deiner Hand.

Deshalb ist es auch ganz egal,
wenn jemand sagt,
ich sei wertlos
und dumm.
Tief in meinem Herzen
flüsterst du die Wahrheit:
dass ich mehr wert bin
als Gold.

Ich bin dein Augenstern,
dein heimlicher Schatz.
Du bist froh,
dass ich da bin.
Solange ich lebe,
will ich dir danken
und nie vergessen,
wer ich bin.

Margareta Melin

Mut

Wenn mich das dunkle Tal umhüllt,
Angst meine Schritte lähmt,
Wenn Kummer mir die Seele füllt,
mein Elend mich beschämt–
Dann hoffe ich, mein Gott, auf dich.
Schenk du mir neuen Mut;
sprich tief in meiner Seele:
Ich mache alles gut!

Albert Wieblitz

Gott, segne mir die Erde,
auf der ich jetzt stehe.

Gott, segne mir den Weg,
auf dem ich jetzt gehe.

Gott, segne mir das Ziel,
für das ich jetzt lebe.

Du Immerdar und Immerdar,
segne mich auch, wenn ich raste.

Segne mir das,
was mein Wille sucht,
segne mir das,
was meine Liebe braucht,
segne mir das,
worauf meine Hoffnung ruht.

Du König der Könige,
segne mir meinen Blick.

Irisches Segensgebet

Bauch- und andere Mütter

„Bewundernswert, dass ihr euch das traut!“ Der Satz geht mir nach. Gestern Abend auf einem Fest, einige Gäste kannte ich noch nicht, hatte ich ihn wieder gehört. Eigentlich ja ein freundlicher Satz. Aber mit der Zeit bin ich empfindlich geworden. Denn oft sagt mir mein Gefühl: Wer so spricht, bewundert mich und meinen Mann nicht wirklich, sondern bemitleidet uns. Weil unsere Töchter nicht unsere leiblichen Kinder sind. Die eine ist adoptiert, die andere ein Pflegekind.

Es hat eine Zeit lang gedauert, bis ich angemessen auf solche Vorurteile reagieren konnte. Inzwischen sage ich oft: „Unsere beiden Kinder sind gut dran: Sie haben zwei Mütter. Sie haben ihre Bauchmamas, die sie geboren haben, und sie haben mich, ihre Mama, mit der sie von klein auf leben.“

So kommen die ins Nachdenken, die meinen, wegen ihrer Herkunft hätten unsere Kinder schlechte Startbedingungen für ihr Leben. Und auch die, die uns Eltern für bedauernswert halten, weil wir uns mit unseren Kindern unabsehbare Probleme eingehandelt hätten. Eine „Blackbox“ seien solche Kinder, so hieß es vor einiger Zeit in einem Zeitungsartikel. Unkalkulierbares Risiko. Momentan

seien sie ja vielleicht noch süß, aber wehe, sie kommen in die Pubertät, da habe man jetzt schon Mitleid mit uns, man wisse ja, wie das meist ausgehe. Manche trauen sich das nur leise zu sagen: Wir seien zu optimistisch, vielleicht auch zu blauäugig: gleich zwei Kinder, die eine „Blackbox“ sind!

Die Bauchmamas beider Mädchen schätze ich sehr. Sie haben ein hartes Leben und sie sind klug. Sie lieben die Kinder, denen sie das Leben geschenkt und die sie nicht abgetrieben haben, was ja für viele in vergleichbarer Situation der einfachere Weg zu sein scheint. Klar gibt es triftige Gründe dafür, weshalb die Mädchen bei uns aufwachsen und nicht bei ihnen. Trotzdem treffen wir uns regelmäßig. Diese Treffen sind nicht immer entspannt, das Thema ist ja auch wirklich nicht einfach. Aber wir achten uns. Wir lieben ja schließlich das gleiche Kind. Zwei Mütter, die alles geben würden, damit es dem Kind gut geht. Man könnte auch sagen: ein Geschenk!

Wir leben gut mit dieser Offenheit. Kinder sind ja sowieso niemals Eigentum ihrer Eltern. In unserem Fall ist das aber jederzeit und immer deutlich. Was aus den beiden wird? Das steht ja sowieso in Gottes Hand, auch wenn eine Frau ihr Kind selbst geboren hat. Und wenn der Erfolg eines Lebens davon abhängen sollte, wie „super“ die Abschlüsse sind oder wie steil die Karriere ist, dann mache ich mir Sorgen um unsere Gesellschaft. Unsere Kinder sollen zu den Menschen werden, zu denen Gott sie geschaffen hat. Einmalig, unverwechselbar.

Nora Steen

Tagesbilanz

„Beurteile einen Tag nicht danach, welche Ernte du am Abend eingefahren hast, sondern danach, welche Samen du gesät hast“ (Robert Louis Stevenson).

Nicht jeder Tag ist ein Tag der Ernte.
Der Bauer erntet im Sommer und im Herbst und nicht schon im Frühling.

Wenn ich am Abend auf meinen Tag schaue, dann ist es mir nicht wichtig, wie viel Erfolge ich vorzuweisen habe. Es ist mir wichtig, dass ich bewusst gelebt habe.

Wenn ein Gespräch gelungen ist, wenn ich einen gebeugten Menschen aufgerichtet habe, wenn ich ganz bei dem war, was ich getan habe, dann bin ich dankbar.
Aber ich weiß, dass das Gespräche kein endgültiges Resultat ergeben hat, dass der Aufgerichtete sich wieder beugen wird, sobald die nächste Krise kommt.
Es ist keine Ernte, die ich in die Scheune einbringen kann.
Es ist Samen, den ich gesät habe.

Ich bin schon dankbar, wenn ich meine urpersönliche Spur in der Welt hinterlassen habe. Und das geschieht immer dann, wenn ich ganz in dem bin, was ich sage und tue, wenn ich präsent bin in der Begegnung, wenn ich das Leben wahrnehme, wie es ist.

Alles, was bewusst geschieht, hinterlässt Spuren. Und in diesen Spuren wird ein Same ausgesät, der irgendwann einmal aufgehen wird in den Herzen der Menschen, denen ich begegnet bin, zu denen ich gesprochen, für die ich gearbeitet und mich eingesetzt habe.

Anselm Grün

Mutter-
liebe

nach 1. Korinther 13

Lebte ich in einem Haus von makelloser Schönheit und Ordnung und hätte keine Liebe, so wäre ich eine Haushälterin, keine Mutter. Hätte ich Zeit zum Waschen, Polieren und Dekorieren und hätte keine Liebe, so lernten meine Kinder zwar Sauberkeit und Ordnung, aber nicht, was göttliche Reinheit ist.

Liebe übersieht den Schmutz auf der Suche nach dem Lächeln des Kindes.

Liebe freut sich über die winzigen Fingerabdrücke an der frischgeputzten Fensterscheibe.

Liebe wischt erst die Tränen ab, bevor sie die verschüttete Milch aufwäscht.

Liebe ist einfach da, wenn man sie braucht. Sie weist zurecht, korrigiert und reagiert.

Liebe krabbelt mit dem Baby, läuft mit dem Dreikäsehoch, rennt mit dem Schulkind und tritt zur Seite, damit der Jugendliche erwachsen werden kann.

Liebe ist der Schlüssel, der das Herz deines Kindes für Gottes frohe Botschaft aufschließt.

Bevor ich Mutter wurde, rühmte ich mich meiner perfekten Hausfrauenfähigkeiten. Nun rühme ich Gott über dem Wunder meines Kindes. Als Mutter muss ich mein Kind Vieles lehren, aber das Größte und Wichtigste von allem ist die Liebe.

Jo Ann Merrell

Meine Hand und deine Hand

Gott,
ich schaue meine Hände an.
Sie spiegeln mein Leben:
von wem ich sie geerbt habe,
welche Arbeit sie gewöhnt sind,
wie das Wetter ist,
was ich spüre, was ich suche -
und wie es mir geht.

Was ich mir unbedingt merken muss,
schreibe ich mir in die Hand.
Und was mir kostbar ist,
berge ich schützend in meinen Händen.

Gott,
du hast mich
in deine Hände gezeichnet.
Das kann ich mir kaum vorstellen,
aber es bedeutet mir viel.

Christine Tergau-Harms

Wie mit den Lebenszeiten,
so ist es auch mit den Tagen:
Keiner ist uns gut genug,
keiner ist ganz schön,
jeder hat,
wo nicht seine Plage,
doch seine Unvollkommenheiten,
aber rechne sie zusammen,
so kommt eine Summe Freude
und Leben heraus.

Friedrich Hölderlin

Ein bunter Garten

Wenn ich auf mein Leben schaue, Gott,
dann sehe ich einen bunten Garten:
großartige Pflanzen,
in leuchtenden Farben, von vielen bestaunt;
zierliche Blümchen,
kaum auffallend und doch schön anzuschauen;
Gewächse,
deren Pracht von langer Dauer war,
und solche,
deren Blüten nur kurz das Auge und das Herz
erfreuen konnten.
Doch auch Unkraut,
das sich mehr und mehr ausbreitete,
das zu entfernen mich Zeit gekostet
und mir Mühe bereitet hat;
und Dornen,
deren Stacheln mich verletzt
und mir Schmerzen verursacht haben
und mich zugleich zur Vorsicht mahnten.

Für alles, Gott,
was du hast wachsen und gedeihen lassen
in meinem Lebensgarten
an Schönem und an Lästigem,
an Bewundernswertem und an Beschwerlichem,
möchte ich dir danken.
Der Garten wäre unvollkommen
und das Leben wäre nicht mein Leben,
würde auch nur eines fehlen.

Eckhard Herrmann

Eure Kinder sind nicht eure Kinder.
Sie sind die Söhne und Töchter der Sehnsucht
des Lebens nach sich selber.
Sie kommen durch euch, aber nicht von euch,
und obwohl sie mit euch sind,
gehören sie euch doch nicht.
Ihr dürft ihnen eure Liebe geben,
aber nicht eure Gedanken,
denn sie haben ihre eigenen Gedanken.
Ihr dürft ihren Körpern ein Haus geben,
aber nicht ihren Seelen,
denn ihre Seelen wohnen im Haus von morgen,
das ihr nicht besuchen könnt,
nicht einmal in euren Träumen.

Ihr dürft euch bemühen, wie sie zu sein,
aber versucht nicht, sie euch ähnlich zu machen.
Denn das Leben läuft nicht rückwärts,
noch verweilt es im Gestern.
Ihr seid die Bogen, von denen eure Kinder
als lebende Pfeile ausgeschickt werden.
Der Schütze sieht das Ziel auf dem Pfad
der Unendlichkeit,
und Er spannt euch mit Seiner Macht,
damit seine Pfeile schnell und weit fliegen.
Lasst euren Bogen von der Hand des Schützen
auf Freude gerichtet sein;
Denn so wie Er den Pfeil liebt, der fliegt,
so liebt er auch den Bogen, der fest ist.

Khalil Gibran

Reich gemacht

DU HAST MICH REICH GEMACHT.
Dein Himmelreich mit all seinen Schätzen
mir zu Füßen gelegt.

DU GABST MIR DIE FREIHEIT.
Deine Worte voller Liebe und Annahme
ließen mich wachsen.

DU ZEIGTEST MIR DAS LEBEN.
Deine Hand hielt die meine,
als wir uns auf den Weg machten.

DU STÄRKTEST MEINE PERSÖNLICHKEIT.
Deine Kraft in mir half,
meinen Feinden ins Gesicht zu sehen.

DU MACHTEST MICH ZUR KÖNIGIN.
Dein wertschätzender Blick
hob mich empor auf den Thron.

DU BIST MEIN GOTT.
Was wäre ich ohne dich?

Hannelore Schnapp

Ich wünsche dir,
dass du einen Ort hast,
an dem du zu Hause bist.
Guten Boden,
in dem deine Hoffnungen keimen.
Licht von oben,
in dem du dich entfalten kannst.
Dass du wachsen darfst,
deine Schönheit blühen darf
und deine Früchte in Ruhe reifen.
Damit du wirst, wie Gott dich gedacht hat.

Tina Willms

Herr mein Gott,

ich danke dir,
dass du diesen Tag zu Ende gebracht hast,
ich danke dir,
dass du Leib und Seele zur Ruhe kommen lässt.
Deine Hand war über mir
und hat mich behütet und bewahrt.
Vergib allen Kleinglauben und alles Unrecht dieses Tages
und hilf, dass ich gern denen vergebe,
die mir Unrecht getan haben.
Lass mich in Frieden unter deinem Schutze schlafen
und bewahre mich vor den Anfechtungen der Finsternis.
Ich befehle dir die Meinen, ich befehle dir dieses Haus,
ich befehle dir meinen Leib und meine Seele.
Gott, dein heiliger Name sei gelobt.
Amen.

Dietrich Bonhoeffer

Segen

Der Herr segne dich.
Er erfülle deine Füße mit Tanz
und deine Arme mit Kraft.
Er erfülle dein Herz mit Zärtlichkeit
und deine Augen mit Lachen.
Er erfülle deine Ohren mit Musik
und deine Nase mit Wohlgerüchen.
Er erfülle deinen Mund mit Jubel
und dein Herz mit Freude.
Er schenke dir immer neu die Gnade der Wüste:
Stille, frische Wasser
und neue Hoffnung.
Er gebe uns allen immer neu die Kraft,
der Hoffnung ein Gesicht zu geben.
Es segne dich der Herr.

aus Afrika

Das Glück des Lebens
setzt sich aus winzigen Kleinigkeiten zusammen:
die kleinen, bald vergessenen Wohltaten
eines Kusses oder Lächelns,
ein freundlicher Blick,
ein von Herzen kommendes Kompliment –
zahllose, unendlich kleine Mengen
angenehmer und belebender Freuden.

Samuel Taylor Coleridge

Auf-Bruch

Leben ist Bewegung,
sich ständig von Neuem
auf den Weg machen,
immer wieder aufbrechen.

Altes muss abgebrochen werden.
Ich kann nicht immer
dort bleiben,
wo ich gerade bin.

Im Auf-Bruch
steckt Verheißung,
Verheißung
von nie Dagewesenem.

Im langsamen Gehen
mit staunendem Blick
die kleinen, großen LebensWunder
immer neu entdecken.

Im Auf-brechen
die Früchte der Schönheit
einsammeln
in den Korb meiner Tage.

Benedikt Werner Traut

Glücksmomente

Danke für diese Momente,
die mich mit Glück erfüllen.
Die ich als Segen empfinde.
Die mich berühren.
Deren Erinnerung mir die Tränen in die Augen treibt.
Momente, die ewig scheinen.
Wie von dir geschaffen.
So dass ich die Zeit einmal vergessen kann.

Christina Brudereck

Täglich zu singen

Ich danke Gott und freue mich,
Wie's Kind zur Weihnachtsgabe,
Dass ich bin, bin! Und dass ich dich,
Schön menschlich Antlitz habe;

Dass ich die Sonne, Berg und Meer,
Und Laub und Gras kann sehen,
Und abends unterm Sternenheer
Und lieben Monde gehen.

Gott gebe mir nun jeden Tag
Soviel ich darf zum Leben.
Er gibt's dem Sperling auf dem Dach;
Wie sollt er's mir nicht geben!

Matthias Claudius

Ich wünsche mir nicht mehr Zeit,
ich wünsche mir aber genug Zeit.
Zeit um tief zu atmen,
Zeit um die Wirklichkeit zu sehen und
Zeit um lang zu lachen,
Zeit um dich zu loben
und auszuruhen und freudig zu singen
und gerade genug Zeit an einem Tag,
um nicht gehetzt, gestresst, gejagt zu sein
oder davon getrieben zu sein,
alles gestern fertig haben zu wollen.

Ann Voskamp

Es war einmal ein Kind!

Es war einmal ein Kind, das bereit war, geboren zu werden. Das Kind fragte Gott: „Sie sagen mir, dass du mich morgen auf die Erde schicken wirst, aber wie soll ich dort leben, wo ich doch so klein und hilflos bin?"

Gott antwortete: „Von all den vielen Engeln suche ich einen für dich aus. Dein Engel wird auf dich warten und auf dich aufpassen."

Das Kind erkundigte sich weiter: „Aber sag, hier im Himmel brauche ich nichts zu tun, außer singen und lachen, um fröhlich zu sein."

Gott sagte: „Dein Engel wird für dich singen und auch für dich lachen, jeden Tag. Und du wirst die Liebe deines Engels fühlen und sehr glücklich sein."

Wieder fragte das Kind: „Und wie werde ich in der Lage sein die Leute zu verstehen, wenn sie zu mir sprechen und ich die Sprache nicht kenne?"

Gott sagte: „Dein Engel wird dir die schönsten und süßesten Worte sagen, die du jemals hören wirst und mit viel Ruhe und Geduld wird dein Engel dich lehren zu sprechen."

„Und was werde ich tun, wenn ich mit dir reden möchte?"
Gott sagte: „Dein Engel wird deine Hände aneinanderlegen und dich lehren zu beten."

„Ich habe gehört, dass es auf der Erde böse Menschen gibt. Wer wird mich beschützen?"

Gott sagte: „Dein Engel wird dich verteidigen, auch wenn er dabei sein Leben riskiert."

„Aber ich werde immer traurig sein, weil ich dich niemals wiedersehe."

Gott sagte: „Dein Engel wird mit dir über mich sprechen und dir den Weg zeigen, auf dem du immer wieder zu mir zurückkommen kannst. Dadurch werde ich immer in deiner Nähe sein."

In diesem Moment herrschte viel Frieden im Himmel, aber man konnte schon Stimmen von der Erde hören und das Kind fragte schnell: „Gott, bevor ich dich jetzt verlasse, bitte sage mir den Namen meines Engel."

„Ihr Name ist nicht wichtig. Du wirst sie einfach ‚Mama' nennen!"

Bleib offen
für die Besonderheiten des Lebens
für die kleinen Dinge
versteckt in Fenstern und Gärten.

Bleib offen
für das besondere deines Lebens
deine Art, die Welt und Menschen zu sehen
deine Entdeckerfreude
dein Lachen
deine Unbekümmertheit.

Bleib offen
für Gottes Wege mit dir
manchmal abseits der großen Straßen

Bleib offen
für den Himmel über dir

Bleib unterwegs

Ursula Palm-Simonsen

Schön ist alles,
was Himmel und Erde verbindet:
der Regenbogen,
die Sternschnuppe,
der Tau,
die Schneeflocke.
Doch am schönsten ist
das Lächeln eines Kindes.

GEDULD IST ALLES

Nicht rechnen und nicht zählen,
sondern reifen wie der Baum,
der seine Säfte nicht drängt
und getrost in den Stürmen
des Frühlings steht.
So als würde dahinter
kein Sommer mehr kommen.
Er kommt doch!
Aber nur zu den Geduldigen,
die da sind, als würde die Ewigkeit
vor ihnen liegen.
Ich lerne es täglich
unter tausend Schmerzen,
denen ich dankbar bin.

Rainer Maria Rilke

Vergiss die Freude nicht

Ich freue mich des Lebens, ich suche keinen Dornen, hasche die kleineren Freuden. Sind die Türen niedrig, so bücke ich mich. Kann ich den Stein aus dem Weg räumen, so tue ich es. Ist er zu schwer, so gehe ich um ihn herum. Und so finde ich alle Tage etwas, das mich freut. Und der Schlussstein, der Glaube an Gott, der macht mein Herz froh und mein Angesicht fröhlich!

Catharina Elisabeth Goethe

Fortschritt?

Wenn meine Großmutter ihre Mutter besuchen wollte, brauchte sie dafür drei Tage: Einen Tag fuhr sie mit Bekannten in der Pferdekutsche hin, einen Tag blieb sie dort, erzählte und erfuhr das Neueste, half in der Küche oder im Garten. Am dritten Tag fuhr sie heim.

Wenn meine Mutter ihre Mutter besuchen wollte, brauchte sie dafür zwei Tage: Sie fuhr mit dem Zug. Wenn sie Glück hatte, bekam sie Anschluss. Sie erzählte und erfuhr das Neueste, übernachtete dort und fuhr am nächsten Tag zurück.

Wenn wir zu meiner Mutter fahren, brauchen wir dafür mit dem Auto eine halbe Stunde. Lange können wir nicht bleiben, denn die Kinder werden unruhig, und wir wollen ja noch die neue Standuhr abholen, und außerdem müssen wir noch unbedingt schnell die Papiere zum Steuerberater bringen.

Wenn mich meine Kinder besuchen wollen, werden sie wohl keine Zeit haben ...

überliefert

Ich wünsche dir Raum und Zeit,
versuch' – sie nicht zu verschwenden.
Ich wünsche dir Raum und Zeit,
was du suchst – auch zu finden.

Ich wünsche dir Raum und Zeit,
deine Träume – zu leben.
Ich wünsche dir Raum und Zeit,
im 7. Himmel – zu schweben.

Ich wünsche dir Raum und Zeit,
dich auf das Wesentliche – zu besinnen.
Ich wünsche dir Raum und Zeit,
dein Glück auf Erden – zu finden.

Michaela Trieb

Wie die Sonne, so stelle ich mir die Herrlichkeit Gottes vor. Sie geht auf über mir. Sie bringt Farben in mir zum Leuchten und lässt mein Gesicht strahlen. Sie stattet mich aus mit Lebensfreude und Energie.

Nach dieser Sonne sehne ich mich in den kargen Zeiten meines Lebens, wenn ich gefangen bin in Grübeleien oder meiner eigenen Kraftlosigkeit. Dann gibt es Tage, da sind die einfachsten Dinge schwer. An solchen Tagen tut es mir gut, mich eine Weile in die Sonne zu setzen. Oder ich schließe kurz die Augen und stelle mir vor, ich säße an einem schönen Ort im Sonnenschein. Sanft liegen die Sonnenstrahlen auf der Haut und wärmen mich. Ein leichter Wind streicht über mein Gesicht. Ich sitze nur da, so wie ich bin, halte meine Müdigkeit, mein Verzagen, meinen kleinen Mut ins Licht. Mein Atem beruhigt sich und fließt von allein. Ich spüre, wie ich entspanne, meine Kräfte langsam zurückkehren, mein Vertrauen wächst und mein Mut sich entfaltet.

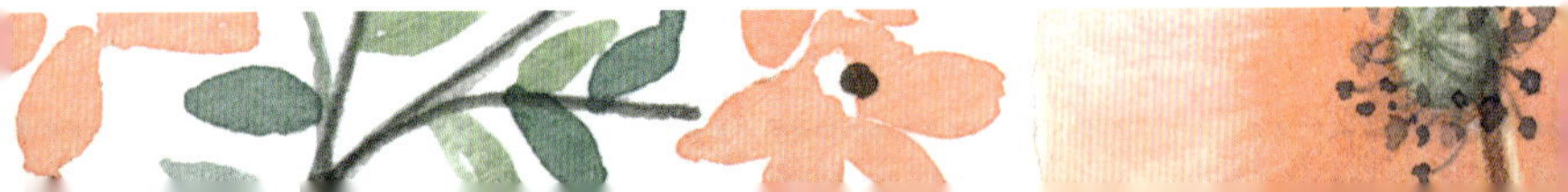

Ja, so wie die Sonne stelle ich mir Gottes Herrlichkeit vor. Er wärmt mich darin mit seiner Liebe und stärkt mich durch seinen Segen. Er tut das, bevor ich irgendetwas leiste. Ich muss nichts vorweisen. Mit leeren Händen komme ich zu ihm und halte mich ihm hin. In seinem Licht wachse und entfalte ich mich. Mir geht das Herz auf.

Irgendwann kommt der Punkt, an dem ich aufstehen kann. Manchmal dauert das eine Weile, und ich brauche Geduld mit mir selbst. Aber er kommt, dieser Moment, in dem ich den neuen Auftrieb spüre, der in der Liebe liegt. Dann erhebe ich mich und gehe Schritt für Schritt zurück in mein Leben. Gottes Wärme pulsiert in mir. Und irgendwann fließt sie über, wärmt andere durch mich, stärkt ihnen den Mut, fließt weiter und breitet sich aus in der Welt.

Tina Willms

Dich einfach gehen lassen

Kann ich dich einfach gehen lassen?
Ich weiß so viel über das Leben,
und du?
Du hast es gerade erst begonnen.
Habe ich dir alles mitgegeben, was du brauchst?
Habe ich dir alles gesagt, was du wissen musst?
Du bist noch so unerfahren.
War ich dir immer die, die du dir gewünscht hast?
Woran wirst du dich erinnern,
wenn du an deine Kindheit denkst?
Du bist der wichtigste Mensch für mich.
Und wenn dir Fremde begegnen?
Weißt du, worauf du achten sollst?
Und wenn dich Geliebte verletzen?
Weißt du, wie du dich schützen sollst?
Du bist so zerbrechlich.

Dich einfach gehen zu lassen, fällt mir schwer.
Auch wenn mir klar ist,
dass dich fremde Sterne locken,
dass du ein großes Ziel vor Augen hast,
dass du entscheidende Fehler machen wirst,
dass du auf dem Meer der Erfahrungen
deinen eigenen Kurs finden musst.

Ich kann dich einfach gehen lassen,
weil dich ein anderer trägt.

Hannelore Schnapp

Geborgen

Ich bin geborgen in dir, Gott.

Du bist guter Hoffnung mit mir.

Du gehst schwanger mit meinem Leben.
Ich werde gehalten.
Aus dir kann ich niemals herausfallen.
Ich bin umgeben von Lebenskraft und Liebe.
In deinem heiligen Raum der Mütterlichkeit.
Ich bin dein.
Ich bin dein Wunder.

Dein Wunschkind.
Ich bin lebendig.
Ich wachse.

Dein Herz schlägt für mich.
Ich höre den Rhythmus des Lebens.
Das große Ja.
Von jeher bis ewig freust du dich auf mich.
Ich bin geborgen in dir.

Christina Brudereck

„Herr, gib mir ein wenig Sonne. Gib mir ein Lächeln für diesen Tag. Gib mir die Augen eines Kindes. Herr, gib mir ein bisschen Freude.“

Steig jeden Morgen aus dem Bett mit einem solchen Gebet. Schau nicht so schrecklich ernst und wichtig drein. Ich weiß, vor dir liegen vielleicht große Probleme. Aber mach sie nicht größer, als sie wirklich sind. Dann werden sie zu riesigen, schwarzen Wolken, die alles verfinstern. Du musst kein Berufsoptimist sein, aber wer alles schwarz sieht, für den sieht selbst die Sonne schwarz aus. Wer sich mit materiellen Dingen überfüttert, wird krank infolge geistiger Unterernährung.

Wünsch dir die Augen und das Herz eines Kindes, das quietschvergnügt über den verbotenen Rasen rennt, das über einen kleinen Fisch im Wasser staunt, das nach den Sternen fragt, wer sie angezündet hat. Niemals mag es dich wegen eines dicken Portemonnaies, sondern weil du mit ihm spielst und lachst, weil du fantastische Geschichten erzählen und lustige Lieder singen kannst.

Phil Bosmans

Weisheit

Der Hunger der Seele
wird nicht gestillt
durch viele Worte.
Letztlich werden wir nicht gefragt,
was und wie viel wir gelesen haben,
sondern wie wir gelebt
und was wir getan haben.
Wir werden nicht danach gefragt,
wie schön wir geredet haben,
sondern danach, ob durch uns
mehr Liebe in die Welt gekommen ist.

Peter Dyckhoff

Ich glaube,
zum Leben gehört mehr als Essen
und Trinken, Wohlstand und Gesundheit.

Ich glaube,
zum Leben gehört mehr als Lehren
und Lernen, Begreifen und Verstehen.

Ich glaube,
zum Leben gehört mehr als Lust
und Befriedigung, Erfolg und Glück.

Ich glaube,
zum Leben gehört auch Vertrauen
und Hoffen, Sich-Gedulden und Warten.

Ich glaube,
zum Leben gehört auch Angst
und Aufhören von Angst, Trauer
und Aufhören von Trauer.

Ich glaube,
zum Leben, das ich lebe, gehört der,
der mir mein Leben gab: Gott, ich danke dir!

Amen.

Was ist das Leben?

An einem Sommertag mitten im Wald um die Mittagszeit stecken die Vögel ihre Köpfe unter die Flügel und halten Mittagschlaf. Der Buchfink streckt sein Köpfchen hervor und fragt: „Was ist das Leben?"

Alle sind betroffen über diese schwere Frage. Eine Rose entfaltet gerade ihre Knospe, schiebt behutsam ein Blatt ums andere heraus und sagt: „Das Leben ist Entwicklung und Entfaltung."

Weniger tief veranlagt ist der Schmetterling. Lustig fliegt er von einer Blume zur anderen, nascht da und dort und sagt: „Das Leben ist lauter Freude und Sonnenschein."

Drunten am Boden schleppt sich eine Ameise mit einem Strohhalm, zehnmal länger als sie selbst, und sagt: „Das Leben ist nichts als Müh' und Plag'."

Geschäftig kommt eine Biene von einer honighaltigen Blume zurück und meint dazu: „Das Leben ist ein Wechsel von Arbeit und Vergnügen."

Wo so weise Reden geführt werden, steckt der Maulwurf seinen Kopf aus der Erde und sagt: „Das Leben ist ein Kampf in der Dunkelheit."

Die Elster, die selbst nichts weiß und nur vom Spott der anderen lebt, sagt: „Was ihr für kluge Reden führt! Man könnte meinen, ihr seid sehr gescheit!"

Es hätte nun einen großen Streit gegeben, wenn nicht ein feiner Regen eingesetzt hätte.

Und der Regen sagt mit leiser Stimme: „Das Leben besteht aus Tränen, nichts als Tränen."

Dann zieht der Regen weiter zum Meer. Dort branden die Wogen und werfen sich mit aller Gewalt gegen die Felsen, klettern daran in die Höhe und werfen sich dann wieder mit gebrochener Kraft ins Meer zurück und stöhnen: „Das Leben ist ein stetes vergebliches Ringen nach Freiheit."

Hoch über ihnen zieht majestätisch ein Adler seine Kreise und frohlockt: „Das Leben ist ein ständiges Streben nach oben."

Nicht weit davon steht eine Weide, die der Sturm schon zur Seite geneigt hat. Sie sagt: „Das Leben ist ein Sich-Neigen unter eine höhere Macht."

Dann kommt die Nacht - in lautlosem Flug gleitet ein Uhu durch das Geäst des Waldes und krächzt:

„Das Leben heißt, die Gelegenheit nutzen, wenn die anderen schlafen."

Schließlich wird es still im Wald. Auf dem Weg von einem Fest nach Hause kommt ein Mensch und murmelt vor sich hin: „Das Leben ist ein ständiges Suchen nach Glück und eine Kette von Enttäuschungen."

Auf einmal flammt die Morgenröte auf in ihrer vollen Pracht und sagt: „Wie ich, die Morgenröte, der Beginn des kommenden Tages bin, so ist das Leben der Anbruch der Ewigkeit."

„Deshalb halte ich auch in der Nacht die Augen offen", sagt der Feldhase, „um die Ewigkeit, wenn sie anbricht, nicht zu verschlafen."

aus Schweden

Ich möchte bei dir sein

Ich möchte bei dir sein,
wenn sich die Welt um uns verändert,
ich möchte,
wenn Vertrautes und Gewohntes wegbrechen,
unerwartet Neues annehmen können.

Ich möchte bei dir sein,
wenn Schritte langsamer werden,
ich möchte
Lebenstempo und Aufgaben herunterfahren
und nicht in der Wehmut alter Tage aufgehen.

Ich möchte bei dir sein,
wenn die Traurigkeit kommt
und das Abschiednehmen in greifbare Nähe rückt,
ich möchte
Erinnerung und Gegenwart gleichsam pflegen.

Ich möchte bei dir sein,
wenn die Herbststürme in unser graues Haar wehen,
ich möchte
mit dir die neuen Lebensjahreszeiten erleben,
und neue Freiheiten und Grenzen entdecken.

Ich möchte bei dir sein,
in allen Beschwernissen das Leben mit dir feiern,
in aller Trübsal dich zum Lachen bringen,
in allem Verzicht deinen Reichtum spüren.

Werde ich das schaffen, einfach nur bei dir zu sein?

Hannelore Schnapp

Die stolzen Mütter

Es waren einmal drei Frauen, die am Brunnen standen, um Wasser zu schöpfen. Ein alter Mann saß ebenfalls dort und hörte den Frauen zu, wie sie über ihre Söhne sprachen:

„Mein Sohn ist der geschickteste und wendigste Junge im ganzen Dorf!“, ließ die erste Frau die anderen wissen.

„Und meiner kann singen wie eine Nachtigall, dass jedem warm ums Herz wird.“

Die dritte Frau schwieg.

„Warum sagst du nichts?“, wollten die anderen zwei wissen.

„Mein Sohn ist ein ganz gewöhnlicher Junge, ohne außergewöhnliche Talente. Aber ich hoffe, dass er zu einem guten Menschen heranwächst.“

Nachdem die drei Frauen ihre Eimer gefüllt hatten, machten sie sich auf den Rückweg. Der alte Mann spazierte hinter ihnen her. Aufgrund der schweren Last legten die Frauen schon nach kurzer Zeit eine Pause ein.

Da kamen ihnen ihre Söhne entgegen. Der erste stellte sich auf die Hände und schlug Rad um Rad.

„Was für ein geschickter Junge!", riefen die zwei anderen Frauen.

Der zweite Junge mit der Stimme einer Nachtigall sang ein wunderschönes Lied, und die Frauen lauschten ihm mit Tränen in den Augen.

Der dritte Junge ergriff wortlos die beiden Eimer seiner Mutter und trug sie heim.

Die Frauen sahen den alten Mann und fragten ihn:

„Was sagst du zu unseren Söhnen?"

„Eure Söhne? Ich habe nur einen einzigen Sohn gesehen!"

nach Leo Tolstoi

Dinge, die man als Kind geliebt hat,
bleiben im Besitz des Herzens
bis ins hohe Alter.
Das schönste im Leben ist,
dass unsere Seelen nicht aufhören
an jenen Orten zu verweilen,
wo wir einmal glücklich waren.

Khalil Gibran

In Dankbarkeit bewahren

Mögest in deinem Herzen du
so manchen reichen Lebenstag
in Dankbarkeit bewahren.
Mit den Jahren wachse jede Gabe,
die Gott dir einst verliehen –
um alle, die du liebst,
mit Freude zu erfüllen.
In jeder Stunde,
Freud und Leid,
lächelt der Menschgewordene
dir zu –
bleib du in seiner Nähe.

aus Irland

Psalm 139
Ich bin in dir

Mein Gott, du siehst in mein Herz.
Du kennst mich.
Wie schön, dass du mir nahe bist
und ich geborgen bin bei dir.

Du siehst meine Sorge und Angst.
Du siehst alle meine Fluchtwege.
Du hörst alle meine Ausflüchte,
mit denen ich verbergen will,
was ist.

Du siehst mich, wenn ich träume
von großen Dingen, die ich tun will,
und wenn ich versage dort,
wo ich das Notwendige tun soll.

Keinen Schritt kann ich tun,
den du nicht begleitest.
Kein Wort kann ich reden,
das du nicht hörst, ehe es laut wird.

Wie in zwei großen Händen
hältst du mich.
Ich bin darin geborgen
wie ein Vogel im Nest.

Und manchmal fürchte ich,
ich sei dein Gefangener
wie ein Vogel im Käfig.

Manchmal, o Gott, ist mir bange
vor deiner Hand die mich hält;
ich möchte ihr gerne entrinnen
und frei sein.

Ich wünsche mir,
ans Ende der Erde zu fliegen
oder in die Weite des Raums,
und bleibe doch
in deinen großen Händen.

Ich zweifle,
dass mein Leben Sinn hat,
und möchte es von mir werfen;
aber auch bei den Toten bist du,
und wieder
bin ich in deiner Hand.

Ich fürchte das Licht
und verberge, was ich tat.
Aber das Dunkel ist Licht für dich
und die Nacht hell wie der Tag.

Mein Gott, du siehst in mein Herz.
Du kennst mich.
Wie gut, dass du mir nah bist
und ich geborgen bin bei dir.

Jörg Zink

Eine orientalische Geschichte erzählt von einem Mann in Bagdad, der jeden Morgen fünf Fladenbrote auf dem Markt besorgte. Der Händler fragte ihn nach einiger Zeit, warum er jeden Tag fünf ganze Brote kaufe. Der Mann antwortete geheimnisvoll: „Ein Brot esse ich, zwei Brote gebe ich zurück und zwei Brote leihe ich aus!" – „Wem gibst du zurück, und wem leihst du aus?", wollte der Händler nun neugierig wissen. „Meinen Eltern gebe ich zurück, was sie mir als Kind gegeben haben. Und meinen Kindern leihe ich aus, damit sie mir im Alter vielleicht etwas zurückgeben!"

Schön, dass du da bist!

Mein Blick fällt auf ein rot lackiertes Holzschild, auf dem steht: „Schön, dass du da bist!“
Eigentlich habe ich es für den Briefträger und alle anderen Menschen gemacht, die bei uns ein- und ausgehen. Ich dachte, eine kleine Ermunterung kann dem Postboten bei seinem Job sicher nicht schaden. Aber noch viel öfter ist es eine herzerwärmende Freundlichkeit, die Jesus mir jedes Mal, wenn ich unser Haus betrete, zuspricht. So auch jetzt. „Schön, dass du da bist. So, wie du bist.“

Tamara Hinz

Herr, steh mir bei,
Der du aufs Neu
Mir einen jungen Tag verliehn;
Der Geist ist wach,
Das Fleisch ist schwach,
Und ohne Frucht ist mein Bemühn.
Doch deine Hand ist stark und fest,
Will ich nur willig sie umfassen;
Ach, wer nicht selber dich verlässt,
Den hast du nimmermehr verlassen.

Zu deinem Preis,
Auf dein Geheiß
Will ich an meine Pflichten gehn;
Wie auch die Welt
Sie rings umstellt,
Ich will nur deinen Willen sehn.
Mein Wirken über Haus und Kind,
Das ruht in deinen weisen Händen,
Was sich mit deinem Preis beginnt,
Das muss zu deinem Ruhme enden.

Annette von Droste-Hülshoff

Wie meine Mutter

„Hilfe, ich werd immer mehr wie meine Mutter“
der Gedanke wollt mir fast den Tag verderben
verstehn Sie mich nicht falsch, die Frau ist wundervoll
es gibt halt aber Dinge, die will keine gerne erben
da wär zuallererst, was jeder sofort sieht, die spitze Nase
es steckt dahinter ja
dass man sie gern in andrer Leute Angelegenheiten steckt
weil jeder Mensch, egal in welcher Lebensphase
ganz einfach so aus sich heraus schon unsre Neugier weckt
auch diese Art zu gibbeln hinter vorgehaltner Hand
und auch schon mal lauthals zu lachen
und Kleinigkeiten, sei es nur, wie wir das Kissen falten
wenn wir Betten machen
was hat mich das genervt, wie hektisch alles wird
wenn Leute dich besuchen
jetzt merke ich
die kriegen ja bei mir nicht nur denselben Apfelkuchen
doch freust du dich wie ich
wenn jemand ganz spontan auf eine Tasse Kaffee bleibt
und du bist die, die allen zum Geburtstag bunte Karten
schreibt
das hab ich auch schon übernommen

nur dass sie in meinem Fall nicht ganz so pünktlich kommen
na ja, was ich ansonsten von dir habe
du weinst, wenn Sissy Franz ihr Jawort gibt
und ahnst als Erste, wenn sich jemand neu verliebt

„Hilfe, ich werd immer mehr wie meine Mutter"
der Gedanke wollt mir fast den Tag verderben
dein Herz, das nehm ich gerne
es schlägt tapfer auch für andre mit
und auch dein Kopf und was du alles weißt, da bist du fit
aber muss ich denn auch die äußerlichen Formen erben?
zum Beispiel deine Hüften
die beginnen langsam auf mich abzufärben
ich gehe in die Breite in der Mitte
seh ich Fotos von deiner Mutter, merke ich, das ist bei uns
Sitte
Generationen schon mit breitem Becken
das kann Verzweiflung bei mir wecken
denn, ahne ich, verzicht ich auch auf Sahne, Zucker, Butter
ich seh am Ende aus wie meine Mutter ...

Christina Brudereck

Von den Kindern lernen

Leben ist Empfangen. Können wir uns und unser Leben als Geschenk verstehen oder müssen wir es als Leistung missverstehen? Lebensraum und Lebenszeit werden uns anvertraut. Lebensmöglichkeiten. Lebensmittel und Lebensgefährten werden uns geschenkt. Lebensfreude und Lebenskraft wachsen uns zu. Essen und Trinken. Arbeit und Schlaf. Jahreszeiten und Lebenszeiten. Sonne und Wind. Erde und Wasser. Gaben und Aufgaben. Kultur und Bildung. Wachsen und Reifen. Herkunft und Zukunft. Ehe und Familie. Gemeinde und Gesellschaft sind einige von ungezählten Gaben des Lebens. Warum würdigen wir die großen Geschenke herab und tun uns mit armseligen und eingebildeten Leistungen groß? Warum verfallen wir einem verbissenen und angestrengten Machen, wo wir das Leben befreit und erlöst empfangen könnten?
Von den Kindern sollten wir das unverschämte Nehmen und Gebrauchen lernen. Aber wir schämen uns der großen Geschenke und sind stolz auf die eher kleinen Leistungen unseres Lebens.

Axel Kühner

MÖGE HEUTE ÜBERALL FRIEDEN SEIN.

Mögest du Gott vertrauen, dass du genau dort bist, wo du vorgesehen bist zu sein.

Mögest du dir der unendlichen Möglichkeiten gewahr sein, die durch den Glauben geboren werden.

Mögest du jener Geschenke bedenken, die du erhalten hast und die Liebe weiterleiten, die dir gegeben wurde.

Mögest du in Zufriedenheit wissen, dass du ein Kind Gottes bist.

Lass diese Gewissheit mit tiefen Atemzügen bis in deine Knochen dringen und dort ihren Platz finden und erlaube deiner Seele die Freiheit zu singen, zu tanzen, zu loben und preisen und zu lieben.

All dies ist da für jeden und jede von uns.

Theresa von Ávila

QUELLENANGABE

Herr, gib mir die Augen, gefunden auf www.zeitzubeten.org (15.09.2015)

Christina Brudereck, Geborgen, in: dies., Worte meines Herzens. © Neukirchener Verlagsgesellschaft mbH, Neukirchen-Vluyn 2015, S. 23

Christina Brudereck, Glücksmomente; in: dies., Worte meines Herzens. © Neukirchener Verlagsgesellschaft mbH, Neukirchen-Vluyn 2015, S. 90

Christina Brudereck, Wie meine Mutter, in: dies., Zwischen Zeilen. Gesammelte Gedichte, © 2010 SCM Collection im SCM-Verlag GmbH & Co. KG, Witten, S. 38-39

Peter Dyckhoff, Weisheit, in: Sylvia Müller / Ulrich Sander (Hg.), Weisheit für die Seele. © Verlag Herder GmbH, Freiburg i. Br. 2010, S. 15

Phil Bosmans, Mit den Augen eines Kindes, in: Sylvia Müller / Ulrich Sander (Hg.), Weisheit für die Seele. © Verlag Herder GmbH, Freiburg i. Br. 2007, S. 35

Chris Gallatin, gefunden auf www.baeuerinnentreff.de

Anselm Grün, Tagesbilanz, in: Sylvia Müller / Ulrich Sander (Hg.), Weisheit für die Seele. © Verlag Herder GmbH, Freiburg i. Br. 2007, S. 20

Eckhard Hermann, Ein bunter Garten, in: ders., Du gibst Geborgenheit. Gebete für dunkle und helle Tage, © Claudius Verlag München 2012, S. 12-13

Eckhard Hermann, Kinder, Kinder ..., in: ders., Du gibst Geborgenheit. Gebete für dunkle und helle Tage, © Claudius Verlag München 2012, S. 40-41

Tamara Hinz, Schön, dass du da bist!, in: Tegge Friederike (Hg.): Die Cappuccino-Pause. Wenn du dich heute freuen kannst, dann warte nicht auf morgen. © Oncken Verlag 2006

Axel Kühner, Von den Kindern lernen, in: ders., Voller Freude und Gelassenheit. 365 Andachten. © Neukirchener Verlagsgesellschaft mbH, Neukirchen-Vluyn 2013.

Margareta Melin, Ich bin schön, in: dies., Trau deinem Herzen. © Neukirchener Verlagsgesellschaft mbH, Neukirchen-Vluyn 2004, S. 10

Mitarbeiterkreis des MBK, Lieber Vater, ich bitte dich für meine Kinder, in: Manfred Seitz / Friedrich Thiele (Hg.) Wir beten. Gebete für Menschen von heute © Neukirchener Verlagsgesellschaft mbH, Neukirchen-Vluyn, 10. Auflage 1993

Andrea Petritsch, Gottes Familie; in: Ralf Meister (Hg.), Fünf Minuten mit Gott. © Neukirchener Verlagsgesellschaft mbH, Neukirchen-Vluyn, 3. Auflage 2015, S. 24

Antoine de Saint-Exupéry, Die Kunst der kleinen Schritte, in: ders., Die Stadt in der Wüste, © 1956 und 2009 Karl Rauch Verlag, Düsseldorf

Hans Orths, Skizzen einer Heimkehr – Heimatgefühle, in: Christliches Hausbuch für das ganze Jahr 2009. © St. Benno Verlag Leipzig, 2008, S. 30-32

Hannelore Schnapp, Am Brunnen des Lebendigen, in: dies., Allerbeste Zeiten. © Neukirchener Verlagsgesellschaft mbH, Neukirchen-Vluyn 2012, S. 58

Hannelore Schnapp, Dich einfach gehen lassen, in: dies., Allerbeste Zeiten. © Neukirchener Verlagsgesellschaft mbH, Neukirchen-Vluyn 2012, S. 37

Hannelore Schnapp, Ich möchte bei dir sein, in: dies., Allerbeste Zeiten. © Neukirchener Verlagsgesellschaft mbH, Neukirchen-Vluyn 2012, S. 121

Hannelore Schnapp, Reich gemacht, in: dies., Allerbeste Zeiten. © Neukirchener Verlagsgesellschaft mbH, Neukirchen-Vluyn 2012, S. 76

Ursula Palm-Simonsen, Bleib offen, © bei der Autorin

Nora Steen, Bauch- und andere Mütter, in: dies., Das Wort zum Alltag. Ein Camino-Buch aus der © Verlag Katholisches Bibelwerk GmbH, Stuttgart 2015, S. 15-16

Christine Tergau-Harms, Meine Hand und deine Hand, in: Ralf Meister (Hg.), Fünf Minuten mit Gott. © Neukirchener Verlagsgesellschaft mbH, Neukirchen-Vluyn, 3. Auflage 2015, S. 377

Benedikt Werner Traut, Auf-Bruch, © beim Autor

Michaela Trieb, Ich wünsche dir, gefunden auf http://www.reiki-putlitz.de/5.html

Albert Wieblitz, Mut, in: Ralf Meister (Hg.), Fünf Minuten mit Gott. © Neukirchener Verlagsgesellschaft mbH, Neukirchen-Vluyn, 3. Auflage 2015, S. 163

Tina Willms, Ankommen, in: Ralf Meister (Hg.), Fünf Minuten mit Gott. Neukirchener Verlagsgesellschaft mbH, Neukirchen-Vluyn, 3. Auflage 2015, S. 302, © bei der Autorin

Tina Willms, Wie die Sonne, in: Tina Willms, Erdennah - Himmelweit. © Neukirchener Verlagsgesellschaft mbH, Neukirchen-Vluyn 2014, S. 36

Doro Zachmann, Du stehst zu mir, in: dies., Schön, dass es dich gibt. 52 kleine Freundschafts-Botschaften, © Reinhard Kawohl Verlag 2015, S. 30

Jörg Zink, Psalm 139, in: ders., Psalmen und Gebete der Bibel. © KREUZ Verlag in der Verlag Herder GmbH, Freiburg i. Br. 1999